LES SOLITAIRES

DE

NORMANDIE,

OPÉRA COMIQUE EN UN ACTE,

EN VAUDEVILLE.

PAR M. DE PIIS, Ecuyer, Secrétaire, Interprete
de Mgr. Comte D'ARTOIS.

*Représenté pour la premiere fois à Paris le Mardi 15
Janvier 1788, & à Versailles devant leurs Majestés,
le Vendredi suivant, par les Comédiens Italiens
ordinaires du Roi.*

A PARIS;

Chez BRUNET, Libraire, rue de Marivaux;
place de la Comédie Italienne.

1788.

A M. DE PIIS,

OFFICIER AU RÉGIMENT DE TOURAINE.

Mon sujet à plaisir n'est point imaginé,
Il est connu de la cour, de la ville,
Et je me suis déterminé
A teindre des couleurs du riant vaudeville
Le dessein (1) qu'une Muse en avoit crayonné.
D'une critique ardente à m'ôter le courage,
Trois ans m'ont fait oublier la rigueur,
Cet opuscule est parti de mon cœur,
Et je me hâte, ami, de t'en offrir l'hommage.

---

(1) L'Auteur des Veillées du Château.

PERSONNAGES.	ACTEURS.
Mme. LA DUCHESSE,	Mme. Desforges.
MICHEL,	M. Clairval.
JACQUELINE,	Mlle. Lescot.
JACQUOT,	Mme. St. Aubin.
MICHELETTE,	Mlle. Renaud cadette.
LE BAILLI,	M. Rosieres.
ROBERT, *Garde chasse*,	M. Dufrénoi.
LA FLEUR,	M. Solié.

PIQUEURS ET PAYSANS.

La Scene est en Normandie,

(*Le Théâtre représente l'intérieur d'une vaste forêt, où le jour, qui n'arrive que progressivement, fait découvrir des pommiers, des noisetiers, & sur-tout des fraisiers sauvages.*)

LES SOLITAIRES

DE

NORMANDIE.

SCENE PREMIERE.

MICHEL, JACQUELINE, JACQUOT, MICHELETTE.

(*Michel porte sa hache sur l'épaule : sa femme porte différents paquets dans son tablier. La petite Michelette tient un panier rempli de pommes & un grand pain rond. Jacquot a sur le dos un petit bourdon d'où pend une gourde remplie de cidre. Ils ont l'air d'être en marche depuis long-temps, & les enfants paroissent sur-tout très-fatigués.*)

JACQUELINE.

AIR : *Je l'ai planté, je l'ai vu naître.* (De Jean-Jacques.)

Que la maison nous étoit chere !
Falloit-il donc qu'entre nos bras

A

Anselme y finit sa carriere !
Cherchons bien loin d'autres climats.

MICHEL.

Cessons plutôt des courses vaines,
Tu ne saurois y résister ;
Marcher pour fuir autant de peines,
C'est vouloir ne pas s'arrêter.

JACQUOT ET MICHELETTE.

Le temps adoucira peut-être
Des Souvenirs si déchirants.
Le sort vous a privés d'un maître,
Mais il vous reste vos enfants.

MICHEL, JACQUOT, JACQUELINE, MICHELETTE.

Le sort $\begin{Bmatrix} nous \\ vous \end{Bmatrix}$ a privés d'un maître,

Mais il $\begin{Bmatrix} nous \\ vous \end{Bmatrix}$ reste $\begin{Bmatrix} nos \\ vos \end{Bmatrix}$ enfants.

JACQUELINE.

AIR: *Des Coquilles.* (De la Négresse.)

Vous savez combien je vous aime,
Et vous ma fille, & vous mon fils :
Mais à notre chagrin extrême
Croyez que ces pleurs sont permis.
Lorsqu'Anselme dans le village
Nous prît pour garder ses brebis,
Orphelins dès notre bas âge
Nous étions, comme vous... petits.

MICHEL, *très-attendri.*

Tu m'as vu partir d'un air ferme
Pour braver dans notre malheur

Ses parents dont l'ame se ferme
A la voix de notre douleur ;
Mais mon courage est à son terme. . . . .
Mon nourricier ! . . . . Mon bienfaiteur !
Ils ont hérité de ta ferme,
Que n'héritoient-ils de ton cœur !

JACQUOT.

Comme à chaque saison nouvelle
Il nous donnoit de bons habits.

JACQUELINE, *le cœur serré.*

Oh ! tout cela c'est bagatelle,
C'est lui qui nous avoit unis.

MICHEL.

Nous étions moins, je m'en rappele,
Ses serviteurs que ses amis.

MICHEL ET JACQUELINE.

Mais tout cela c'est bagatelle,
C'est lui qui nous avoit unis.

MICHELETTE A JACQUOT, *qui veut prendre des pommes dans son panier.*

AIR : *La chose vaut mieux que le mot.* (De M. d'Alayrac.)

Finis donc, finis donc Jacquot,
Ou je vais le dire à ma mere.

JACQUELINE.

Qu'avez-vous donc ?

MICHELETTE.

Fi ! quel défaut.

Oh ! comme il est gourmand, mon frere !
Il voudroit, je le dis tout haut,
Que du déjeûner, l'on parlât bientôt.

M I C H E L , *en souriant à Jacquot.*

Eh ! mais en parler ! pourquoi faire ?
La chose vaut mieux que le mot.

T O U S   E N S E M B L E .

La chose vaut mieux que le mot.

(*Ils se mettent au pied d'un arbre, de maniere que les enfants moins élevés se trouvent aux genoux de Jacqueline & de Michel : Jacquot, toujours pressé, veut prendre lui-même des pommes ; sa mere fait la distribution du déjeûner ; Michel verse le cidre dans une tasse qui passe de main en main.*)

M I C H E L .

A I R : *Le fils à Guillaume.*

Repas en voyage,
Lorsque l'on a faim
      Matin
Devient sous l'ombrage
Toujours un festin.

J A C Q U E L I N E .

Maman, bonne & sage,
Des pommes qui vont grand train
Fera le partage
De sa propre main.

T O U S .

Repas en voyage, &c.

M I C H E L , *tenant une pomme d'une main & la tasse de l'autre.*

Oui, loin du village
Dans un lieu sauvage

Ce bon fruit , je gage,
Tiendroit lieu de pain ;
Réduit en breuvage,
D'un commun usage,
Il a l'avantage
D'être doux & sain.....

TOUS.
Repas en voyage, &c.

MICHELETTE.
Sous ce verd feuillage,
Oiseaux vous chantez en vain ;
Que votre ramage
Cede à ce refrain.

TOUS.
Repas en voyage, &c.

JACQUOT, *repoussant sa sœur pour demander du cidre.*

Toi, l'on te ménage,
Mais moi j'ai plus d'âge....
J'en veux davantage....
Plus qu'un petit brin,
Cela me soulage ;
A prendre courage,
Jacquot vous engage ....
Nargue du chagrin.

TOUS.
Repas en voyage , &c.

JACQUELINE, *se levant, ainsi que son mari & ses enfants.*

AIR: *Ce mouchoir , belle Raymonde.*

Quel désert & quel silence !
Je ne vois plus de sentiers.

A iij

MICHEL.

Ah! vraiment, c'eft qu'on avance
En marchant trois jours entiers.
Cette forêt fi profonde,
Où l'on ne trouve aucun pas,
Eſt peut-être au bout du monde.....
Moi, je n'en répondrois pas.

JACQUELINE.

AIR : *De la croifée.* (De M. Ducray.)

Au furplus, le foleil levant,
Qui fe joue au travers de l'ombre,
Egaye à mes yeux maintenant
Cet endroit qui me fembloit fombre.
A m'y délaffer du chemin.
Michel, je fuis déterminée,
Nous en pourrons partir demain,
  Paffons-y la journée.

TOUS.

Paffons-y la journée.

JACQUOT.

Papa! papa! que de fraifiers
Je découvre ici dans ma courfe!

MICHELETTE.

Maman, parmi ces noifetiers
J'entends murmurer une fource.

JACQUOT.

Quel goût! quel fucre! ah! les bons fruits!

MICHELETTE.

Comme chaque noifette eft pleine!

JACQUOT ET MICHELETTE.

Maman, Papa, quel bon pays !
Paffons-y la femaine.

TOUS.

Paffons-y la femaine.

MICHEL.

Un terrein fi loin du hameau
N'appartient fans doute à perfonne ;
M'eft avis que c'eft un cadeau
Que la Providence nous donne.
O ciel ! là-bas ! que de pommiers !
Ah ! mes enfans, ah ! mon amie,
Tout comme Anfelme, en bons fermiers,
Paffons ici la vie.

TOUS.

Paffons ici la vie.

JACQUELINE.

AIR : *Tout le long de la rivière.*

Il faudroit un gîte
Dans les mauvais tems
Et même au plus vîte
Pour ces chers enfans.

MICHEL, *prenant mefure avec fa hache de l'efpace qu'il
y a fur un des côtés, des arbres aux autres.*

Il fuffit, point de chicane.
Je fonge à cela,
Et je vois qu'une cabane
Iroit fort bien là.
Mais fans plus attendre

A iv

Vois-tu ces ormeaux,
J'en vais aller prendre
Les plus forts rameaux.
Jacquot !... viens aider ton pere.

JACQUOT.

Papa ! me voilà.

MICHEL, *embrassant Jacqueline.*

Adieu Bonne....

JACQUOT, *prenant la hache de son pere.*

Adieu ma mere.
A Michelette qui étoit accourue.
Toi, demeure là.

SCENE II.

JACQUELINE, MICHELETTE, MICHEL *hors
de la scene.*

JACQUELINE, *montant sur un tertre & conduisant
Michel de l'œil.*

AIR : *Il pleut, il pleut Bergere.* (De M. Simon.)

ELOIGNE-TOI de grâce
Le moins que tu pourras...

MICHEL.

Va, va, de cette place
Long-tems tu me verras...

JACQUELINE.

Parlons-nous de maniere
Que nous n'en perdions rien,...

MICHEL.

Jufqu'à préfent, ma chere,
Nous nous entendons bien...

JAQUELINE.

Profitons du filence
Qui regne dans le bois.

MICHEL, *moins haut.*

Malgré notre diftance
N'entends-tu pas ma voix:
Je crie à perdre haleine.

JACQUELINE.

Moi, je crie auffi fort.

MICHEL.

Je ne te vois qu'à peine
Mais je t'entends encor.

JACQUELINE.

Ah! méchant, tu m'attrapes,
Je ne t'apperçois plus.

MICHEL.

Mais, c'eft toi qui m'échappes,...
Que ces bois font touffus!

JACQUELINE.

Va, malgré la charmille...

MICHEL.

Va, malgré le taillis. . . .

JACQUELINE.

Je te vois dans ta fille.

MICHEL.

Je te vois dans ton fils.

SCENE III.

JACQUELINE, MICHELETTE, *qui ayant pris le panier où étoient les pommes, le remplit de fraises.*

JACQUELINE *se rasseyant au pied de l'arbre où on a déjeûné, & tricotant.*

Air : *Je suis heureux en tout, mademoiselle.* (De M. Grétry.)

Occupons-nous, jusqu'à ce qu'il revienne,
Qu'à cela ne tienne,
Ma tâche vaut la sienne ;
Car c'est franchement,
Ou pour Jacquot, ou bien pour Michelette,
Que je peux seulette,
Dans cette retraite,
Tricoter gaiment.

(Elle prête l'oreille avec attention aux coups de coignée qui retentissent dans la forêt, & qui sont portés

de maniere qu'ils tombent en mesure avec la suite de son couplet.)

Prêtons l'oreille un moment . . . . . Pan.
Il est en train maintenant , ... Pan.
A tous les coups qu'on entend . . . Pan.
C'est autant d'arbres qu'il fend , . . Pan.
C'est autant d'arbres qu'il fend . . . . Pan.

(Elle reprend son ouvrage.)

Occupons-nous jusqu'à ce qu'il revienne ,
Qu'à cela ne tienne, &c.
C'est encor lui qu'on entend , . . . Pan.
C'est aussi trop imprudent. . . . . Pan.
Ah ! quel travail fatiguant . . . . . Pan.
Par un soleil si brûlant, ... Pan.
Par un soleil si brûlant. . . . . . Pan.

JACQUELINE.
Occupons-nous jusqu'à ce qu'il revienne ,
Ma tâche vaut la sienne,
Qu'à cela ne tienne ;
Car c'est franchement ,
Ou pour Jacquot, ou bien pour Michelette
Que je peux seulette,
Dans cette retraite ,
Tricoter gaiment.

MICHELETTE.
Dépêchons-nous peur que Jacquot ne vienne,
Qu'à cela ne tienne ,
Ma tâche vaut la sienne ;
(Elle revient près de Jacqueline.)
Et puis franchement
S'il étoit là, la pauvre Michelette
Ne pourroit seulette,
Dans cette retraite,
Caresser maman.

MICHELETTE, *avec un air câlin.*

AIR : *Jardinier ne vois-tu pas.*

Tu viens de baiser Jacquot,
Il faut que tu me baises ;

Malgré qu'il faſſe bien chaud,
J'ai cueilli pour nous tantôt
Ces fraiſes, ces fraiſes, ces fraiſes.

(*Jacqueline l'embraſſe.*)

Air : *Maman, vous me l'avez bien dit.*

Ah ! quand papa s'en va chantant
　Pour vaquer à l'ouvrage,
　Je ſuis ſeule avec toi, maman,
　Je t'aime davantage. . . . .
Pourtant, quand il dit tendrement
　Qu'il me trouve bien ſage, ...
　Entre vous deux également
　Mon amour ſe partage.

JACQUELINE, *eſſuyant le viſage de Michelette.*

C'eſt fort bien fait d'aimer maman, ...
　Comme elle eſt toute en nage ! . . . .
Mais à chérir ton pere autant,
　Ma fille, je t'engage.
Bien que Jacquot ſoit turbulent,
　Bien que tu ſois plus ſage,
　Entre vous deux également
　Mon amour ſe partage.

JACQUELINE.　　　MICHELETTE.

C'eſt fort bien fait d'aimer　Ah ! quand papa s'en va chan-
mamaa, &c.　　　tant, &c.

SCENE IV.

JACQUELINE, MICHELETTE, MICHEL, *portant des treillages quarrés, tout prêts à former sa cabane ; Jacquot portant la hache, & sur sa téte un gros fagot de piquets également préparés.*

JACQUELINE, *allant au-devant de Jacquot.*

AIR : *Que j'avions d'impatience.*

Ah! mon ami, tu te forces....
Quel fardeau tu portes là !

JACQUOT, *pirouettant avec la charge sur la téte.*

C'est en essayant ses forces,
Tra, la, la, ta, la, la,
Que Jacquot les accroîtra.

MICHEL A JACQUELINE, *& à ses enfants qui soulevent le treillage destiné à former le toît.*

AIR : *Avec Yseult & mes amours.*

Embrasse-moi : tout ira bien, ⎫
Que j'ai d'esprit & de courage! ⎭ *Bis.*
Prends ce côté, je prends le mien,
Chacun d'eux va lever le sien....
Ces arbres font un sûr soutien
Pour un toît qui n'est qu'en treillage.....

(*Le toît entre réellement dans les branches de quatre arbres disposés à le recevoir ; Michel se frotte les mains d'aise.*)

MICHEL
ET
JACQUELINE.
{
Oh ! pour le coup !
Le toit va bien :
Que j'ai d'efprit
Et de courage !

Oh ! pour le coup !
Le toit va bien :
Qu'il a d'efprit
Et de courage.
}

JACQUOT.
ET
MICHELETTE.
{
Grace à mon bras,
Le toit va bien.
Comme papa,
J'ai bon courage.

Oui, mon frere,
Applaudis-toi bien,
Nous avons fait
Beaucoup d'ouvrage.
}

MICHEL.

AIR : *De la Meuniere du moulin à vent.*

Pofons le fond premiérement
De cette-maniere. . . .

TOUS.

Pofons le fond premiérement
De cette maniere. . . .

MICHEL A JACQUELINE, *& aux enfants qui l'aident.*

Prenons les côtés maintenant,
Et plaçons-les également , ...

TOUS.

Voilà la chaumiere
Finie à l'inftant.

MICHEL, *liant chaque treillage avec des branches flexibles.*

Attachons tout folidement
De cette maniere. . . . .

TOUS.

Attachons tout folidément
De cette maniere.

MICHEL.

Mettons des piquets à préfent,
Et par derriere, & par devant, ...
Voilà la chaumiere
Finie à l'inftant.

TOUS.

Mettons des piquets à préfent, &c.

MICHELETTE.

Puifqu'elle eft finie, à préfent,
Permets-moi, ma mere,
D'y dormir un petit moment;

JACQUELINE.

Bien volontiers, ma chere enfant.

TOUS, *avec joie*, & MICHEL, *fe frottant les mains.*

Voilà la chaumiere
Finie à préfent.

JACQUOT *monté fur le toît de la cabane.*

Pour moi qui ne crains pas le vent,
De cette maniere,
Je dormirai commodément. . . . .

MICHEL A JACQUELINE.

Je fuis fier de mon logement.

MICHEL ET JACQUELINE.

Que de gens fur terre
N'en ont pas autant !

(Les enfants s'endorment , Jacquot fur la cabane &
Michelette en dedans.)

JACQUELINE.

AIR : *On ne s'avife jamais de tout.*

C'eft auffi-bien qu'en bois cela puiffe être.....

MICHEL, *allant pour y entrer & ne le pouvant.*

Tu la trouves donc de ton goût.....
O ciel ! outre qu'on n'y tient pas debout
Je n'ai fait , ni porte , ni fenêtre.
 A cela près , de bout en bout
  Elle eft fraîche. ....
  Rien n'empêche
  D'y voir clair par-tout.

 (A Jacqueline qui hauffe les épaules.)

Que veux-tu que je te dife ?
On ne s'avife jamais de tout ,
On ne s'avife jamais de tout.

JACQUELINE ET MICHEL.

AIR : *O toi qui n'eus jamais dû naître.*

Mais quel tableau pour un bon pere.
      pour une mere.
Pauvres enfants ! comme ils font las !
Eloignons-nous de la chaumiere,.....
Et parlons bas , tout bas , tout bas.....

Que

Que leur enfance
Goûte en silence
Mieux que nous le prix du sommeil....;
Nous, en ménage,
Nous, à notre âge,
Goûtons mieux celui du réveil.

SCÈNE V.

MICHEL, JACQUELINE, JACQUOT ET MICHELETTE *endormis*, ROBERT.

ROBERT.

AIR: *Que le Sultan Saladin.*

Qui donc coupe ici du bois?

MICHEL ET JACQUELINE.

Baissez tant soit peu la voix;
C'est moi qui......

ROBERT.

Quoi, téméraire!
De quel droit? & pourquoi faire?

MICHEL, *bas*, *& montrant sa cabane.*

Parbleu, vous le voyez bien.

ROBERT.

Très-bien, fort bien,

B

Cela ne me blesse en rien;....
Mais......

MICHEL.

Eh bien, qui donc s'en offense?

ROBERT.

C'est l'ordonnance........   *Bis.*

MICHEL.

Ce lieu n'est donc pas désert ?

ROBERT.

Vous gaussez-vous de Robert ?
Chez le bailli de madame,
Marchez tous deux.

MICHEL.

Non, tredame.....
Nos enfants dorment trop bien !

ROBERT.

Eh bien, eh bien !
Vos enfants n'en sauront rien.
Allons vîte, & tôt qu'on avance,.....
C'est l'ordonnance........   *Bis.*

JACQUELINE.
Air : *De M. Solié.*

Pour ces rameaux soyez moins prompt
A nous chercher querelle :
Je vous promets qu'ils reviendront
L'an qui vient, de plus belle ;
Ici, nous allons nous tenir :
Si ma parole est vaine,
Vous verrez à nous punir
A la saison prochaine. *Bis.*

Air : *Pucelle avec un cœur , &c.* (D'Aucaſſin.)

(*A part.*)

Leur bonne foi
Me rend coi.....
Ils ſont innocents je croi,
Moi.

MICHEL ET JACQUELINE.

Je ne laiſſe qu'avec effroi
Nos enfants ſans toi, ſans moi.

ROBERT.

Vous reviendrez : j'en jure ici ma foi , ...

MICHEL.

Nous reviendrons : . . . .

ROBERT.

J'en jure ici ma foi ;
Sur eux, ſoyez ſans effroi.

MICHEL ET JACQUELINE.

Hélas ! quel cruel effroi.

ROBERT.

Vous reviendrez : j'en jure ici ma foi ;
Notre bailli peut adoucir la loi ;
Mais moi, je fais mon emploi.
Suivez-moi , ſuivez-moi.

MICHEL ET JACQUELINE.

Quel effroi ! quel effroi !

SCENE VI.

JACQUOT, MICHELETTE.

MICHELETTE, *en-dedans de la cabane.*

AIR : *De l'andante de la Rosiere.*

MAMAN!...maman!...tout mon corps frissonne!
 Hélas!...hélas!...quel embarras!
Papa!...papa!...je n'entends personne.
 Hélas!...hélas!...ils n'y sont pas....
Parlerai-je, ou ferai-je bien de me taire?
 Je n'en sais rien sur ma foi:
Quel bonheur! là haut, je voi, je voi....
  Mon frere....
  Ah! mon frere,
  Mon cher frere
  Réponds moi,
 Ou je meurs de trouble & d'effroi.

JACQUOT, *faisant des gestes de réveil.*

Ma sœur, ma sœur, veux-tu bien te taire;
Elle a,...je crois, le diable au corps.

MICHELETTE.

Dors-tu?

JACQUOT.

Pourquoi?

MICHELETTE, *d'une voix tremblante.*

   C'est que j'ai, mon frere,
Grand'peur!....

JACQUOT.

Grand'peur ! ma sœur, je dors.

MICHELETTE, *secouant la cabane.*

AIR : *Trouver à qui parler.* (De M. Dalayrac.)

Ce que je vais t'apprendre
Va te faire frémir.....

JACQUOT, *descend impatienté.*

Autant vaut-il descendre
Que de ne pas dormir,
Que de ne pas dormir.
Mais, où donc se cache notre pere ?
Mais, où donc se cache notre mere ?
C'est pour me désoler.....

MICHELETTE.

Nous n'avons plus mon frere,
Personne à qui parler, ...
A qui parler.

JACQUOT, *riant.*

Je devine ta fraude,
Et je cours les chercher.

MICHELETTE, *le retenant.*

Anselme est là qui rôde ;
Et de t'en approcher,
Moi, je dois t'empêcher.....

JACQUOT, *s'échappant.*

Ah ! tu crois épouvanter ton frere.

B iij

MICHELETTE, *pleurant.*

'Ah ! Jacquot , tu ris de ma priere ,
Et tu veux t'en aller. . . . .
Tu pourras bien , mon frere ,
Trouver à qui parler,
A qui parler.

JACQUOT, *dans le fond du théâtre , & revenant avec réflexion & crainte.*

AIR : *Des Trembleurs.*

Perfonne en cette demeure ! . . . .
C'eft tout de bon qu'elle pleure !
Seroit-il vrai ! . . . que je meure
Si j'y peux rien concevoir.
Ce n'eft pas que moi , je tremble ;
Mais il eft bon, ce me femble ,
De nous rendre compte enfemble
De ce que tu viens de voir. . . . .

MICHELETTE.

AIR : *Tout au beau milieu des Ardennes.* (D'Ariftote.)

Anfelme a fignalé fa rage !
Je ne l'ai pas tout-à-fait obferré ;
Mais c'eft bien lui, c'eft lui, je gage,
Car j'en rêvois lorfqu'il eft arrivé ,
A fa fureur,
Maman, dans fa douleur,
Oppofoit la douceur.

JACQUOT.

Finis , ma chere fœur , car j'aurois peur ;
Mais , acheve par complaifance. . . . .

MICHEL.

Tu fauras donc que je me tenois coi.
Notre pere a fait réfiftance,
Mais le phantôme a crié, fuivez-moi.
Sa groffe voix,
Qui rouloit dans le bois,
Me glace encor d'horreur.

JACQUOT ET MICHELETTE.

{ Finis, ma chere fœur : tu me fais peur.....
{ Dieu fait comme ta fœur avoit grand'peur....

JACQUOT, adoffé avec MICHELETTE.

AIR : Où s'en vont ces gais Bergers?

Anfelme, étoit-il en blanc ?

MICHELETTE.

Je n'en fais rien, mon frere.

JACQUOT.

C'eft en noir, probablement,
Qu'Anfelme étoit, ma chere ;
Car c'eft la couleur d'un revenant.

ENSEMBLE, voyant le Bailli.

C'eft fait de nous ma chere.
mon frere.

(Ils tombent à terre, & ne fe relevent que peu à peu,
parce que Jacqueline court à eux.)

SCENE VII.

LES PRÉCÉDENS, MICHEL, JACQUELINE, LE BAILLI, ROBERT.

LE BAILLI A ROBERT.

AIR : Comment goûter quelque repos. (De Renaud d'Ast.)

DONNE-MOI ce procès verbal,....
Et remporte mon écritoire.....

(*A part.*)

D'après mon interrogatoire
Ces gens n'ont pas fait un grand mal.

MICHEL.

J'ai cru pouvoir, sans qu'on m'en gronde,
Faire un toit la nuit, à mon tour,
Des arbres dont, pendant le jour,
L'ombre appartient à tout le monde.

JACQUELINE.

Les oiseaux de cette forêt
Ont, sans doute, un sort plus tranquille.
On les y voit, pour leur asyle,
Choisir le rameau qui leur plaît.
Sûrs qu'on ne vient pas les poursuivre,
C'est leur nid qui les rend heureux.
Déja nous nous aimions comme eux,
Comme eux encor nous voulions vivre.

MICHEL.

Pour ma femme , il étoit si doux
D'avoir un chez-elle , un ménage.... ;
Ce gazon, ce jardin sauvage ,
Cette eau pure alloient être à nous.
Destin ! faut-il que tu te plaises,
Sans sujet , à nous désoler.
Faut-il qu'on vienne nous troubler
Quand nous avons toutes nos aises.

LE BAILLI, *avec infiniment d'attention à Jacqueline.*

AIR : *Ah ! je vois qu'il y viendra.* (De Renaud d'Ast.)

Passons sur la perte évidente
Du bois coupé que je vois là.....
La génération présente
N'en manquera pas pour cela....
Mais , au mépris de l'ordonnance ,
Si par vol ou par imprudence
Les passants allant renversants
Par-tout les arbres naissants ,
De quel bois les petits enfants ,
De ces enfants intéressants ,
Se chaufferoient-ils dans cent ans ?
De quel bois , &c.

MICHEL ET JACQUELINE.

AIR : *Lorsque l'on nous mit en menage.* (*Du droit du seigneur.*)

Ma famille a l'air de lui plaire,
Car il s'attendrit , je le vois ;
Nous pourrons fléchir sa colere
S'il entend leur petite voix.

Mon enfant , dit comme ton pere.
ta mere.

Pardonnez - nous , pardonnez - nous , } *Bis , avec les*
Déja votre œil est moins sévere , } *Enfants.*
Que votre cœur soit aussi doux.

LE BAILLI *à part.*

AIR : *Lise chantoit dans la prairie.*

Notre duchesse est à la chasse ,
Qui sait quand elle reviendra ?.....
A coup sûr elle feroit grace
A ces deux personnages - là.....

(*Il lorgne Jacqueline , & frappe familiérement sur l'épaule de Michel.*)

(*A Jacqueline.*)

Pour vous prouver que je vous aime
Je déchire cet acte - là.....

(*A Michel.*)

Et je sens un plaisir extrême
A vouloir t'obliger moi-même. *Bis.*

JACQUELINE, *lui présentant le panier de fraises qu'a cueilli Michelette.*

AIR : *Votre cœur , aimable Aurore.*

Acceptez ce léger gage
De notre remercîment.

LE BAILLI.

D'un auffi fincere hommage
Je fuis très-reconnoiffant ;

(A part.)

Mais, d'éprouver davantage ;
En vain mon cœur fe défend
Quand elle a, fur fon vifage ,
La fraîcheur de fon préfent.

AIR : *Que ne fuis-je la fougere.*

(A Michel.)

Si ta femme, les Dimanches,
Veut bien de ce fruit vermeil,
Me faire avec fes mains blanches
Un panier toujours pareil,
En m'engageant à les prendre ,
Je ne ferai pas fâché
Qu'elle cherche à me les vendre
Un peu plus cher qu'au marché.

(Il laiffe tomber le panier de fraifes.)

AIR : *Ah ! maman, que je l'échappai belle.*

Mais, mon Dieu que ma bévue eft forte ;
Quoi ! c'eft mon panier qui m'eft échappé de la forte !
Ah ! grand Dieu, que ma bévue eft forte !

JACQUELINE, MICHEL ET LES ENFANS.

A les ramaffer nous allons tous nous empreffer.

(Ils fe mettent tous çà & là à ramaffer les fraifes
& à les remettre dans le panier.)

LE BAILLI.

Moi, je fouffre à vous voir de la forte :
A la patience au fond du cœur je vous exhorte :
Car avec l'habit noir que je porte

Loin de vous aider
Je ne peux que vous regarder.
Mais, mon Dieu, &c.
A les ramasser c'est aussi trop vous empresser.

AIR : *Monseigneur, vous ne voyez rien.*

Combien à tout ce qu'elle fait
Jacqueline met donc de grace !...

MICHEL.

Rendons notre panier complet.

JACQUELINE.

Oh! j'ai bien nettoyé ma place.

(*Aux Enfants.*)

Pour une ou deux fraises de plus,
Ne déparez pas le dessus....

LE BAILLI.

Qu'elle est ! qu'elle est bien !

MICHEL, *avec jalousie, se mettant entre-deux.*

Vous dites ?

LE BAILLI.

Je ne dis plus rien.

JACQUELINE, *faisant offrir le panier par ses enfans.*

AIR : *Du Seigneur bienfaisant.* (La fête des bonnes gens.)

Comme on vous le présente,
Recevez-le de nouveau.

LE BAILLI.

Votre humeur obligeante
Ajoute au prix du cadeau.

A tous.

Venez me voir au village;
Mes amis, mes bons enfans. . . .
Rentrez dans votre ménage,
Sur-tout point de complimens.

A part en s'en allant.

Michel, d'impatience
Vient d'avoir quelques momens.
Malgré leur innocence,
L'amour les rend clairvoyans.
Etouffons dans leur naiffance
Mes coupables fentimens.
Ah! ce feroit confcience
De troubler ces bonnes gens. } *Bis.*

SCENE VIII.

LES PRÉCÉDENS, *excepté le Bailli.*

JACQUOT ET MICHELETTE.

AIR : *De la lanterne magique.*

AH! qu'à notre cœur fenfible
Votre abfence étoit pénible!
Nous ne croyons pas poffible
De nous revoir dans vos bras.

JACQUOT.

Sa frayeur étoit rifible. . . .
Elle me difoit tout bas
Qu'Anfelme, d'un ton terrible,
Avoit dit : fuivez mes pas.

JACQUELINE.

Que votre cœur foit paifible. . . .
(Ce nom m'eft toujours fenfible)
Plût au ciel qu'il fût poffible
De nous revoir dans fes bras !

MICHELETTE.

AIR: *Avec les jeux dans le village.*

J'avois pourtant bien dans l'idée
Que j'avois entendu fes pas . . . .

MICHEL, *avec fermeté.*

Nenni : la chofe eft décidée,
Il ne peut revenir, hélas !

JACQUELINE.

D'ailleurs, s'il en avoit envie,
D'en avoir peur nous aurions tort :
Il fut trop bon pendant fa vie,
Pour ne pas l'être après fa mort.

*On entend une chaffe, & le bruit des cors remplit les
intervalles de l'air fuivant.*

AIR: *Un petit Capucin.*

Quel bruit fe fait entendre ?
. . . . Tron, tron, tron, tron.
Quel bruit fe fait entendre ?
Ce font des gens heureux,
Joyeux,
Ce font des gens heureux.

JACQUOT.

Je ne puis me défendre,

. . . . Tron, tron, tron, tron.

Je ne puis me défendre
D'aller les voir exprès,
de près,
D'aller les voir exprès.

MICHELETTE.

Si nous allions ensemble.

. . . . Tron, tron, tron, tron,

JACQUOT.

Volontiers ; mais je tremble
De te voir, avoir peur,
ma sœur,
De te voir avoir peur.

JACQUOT, *emmenant sa sœur.*

Vous permettez, mon pere,

. . . . Tron, tron, tron, tron.

MICHEL.

Soit ! allez-vous distraire.

JACQUELINE.

Tu reviendras bientôt.
Jacquot.

JACQUOT ET MICHELETTE,

Nous reviendrons bientôt.

SCENE IX.

MICHEL ET JACQUELINE.

MICHEL.

AIR: *D'une amante abandonnée.*

MAINTENANT, ô Jacqueline,
Que nous sommes de repos,
Nous pouvons bien, j'imagine,
Nous remettre à nos travaux ;
Nous avons marché de suite
Par tant de chemins nouveaux, } *Bis ensemble.*
Qu'il nous faut faire au plus vite,
Pour Jacquot, pour la Petite,
Toi, des bas, moi, des sabots.

MICHEL ET JACQUELINE, *travaillants.*

AIR : *de Malbrouch en Mineur ou Majeur.*

MICHEL.	JACQUELINE.
Pourvu qu'on nous oublie ;	
O ma femme, ô ma douce amie !	Cher époux, bonheur de
Pourvu qu'on nous oublie	ma vie ! &c.
Que nous ferons heureux. *Bis.*	
Sur cette herbe fleurie,	
O ma femme, ô ma bonne amie !	Cher époux, bonheur de
Sur cette herbe fleurie	ma vie, &c.
Comme on travaille au mieux ! *Bis.*	

L'un

L'un & l'autre on s'épie,
O ma femme, ô ma douce amie !
L'un & l'autre on s'épie
Pour se parler des yeux.
Que nous serons heureux   *Bis.*
Tous quatre en compagnie,
O ma femme, ô ma bonne amie,
Tous quatre en compagnie,
Et quelquefois nous deux.

Cher époux, bonheur de
ma vie, &c.

Cher époux, bonheur de
ma vie, &c.

(*On entend les cors.*)

SCENE X.

MICHEL, JACQUELINE, JACQUOT.

JACQUOT, *accourant tout essoufflé.*

AIR : *Je suis né natif de Ferrare.*

Mon Dieu, mon Dieu ! qu'elle est donc belle,
J'ai laissé ma sœur avec elle,
Mais j'accours pour vous prévenir.
Ah ! je n'en peux revenir.....   *Bis.*
Elle est d'une douceur extrême
Pour vous dire qu'elle nous aime.
Elle-même ici va venir, ...
Non, je n'en peux pas revenir. ...   *Bis.*

(*A Jacqueline.*)

Sa voiture est quasiment faite,
Quoi qu'en or comme une charette.
Six chevaux blancs la font courir.
Ah ! je n'en peux revenir.....   *Bis.*

C

Sans craindre de tomber par terre,
De grands messieurs grimpés derriere
Sont d'un rouge à vous éblouir,
Non, je n'en peux pas revenir.....   *Bis.*

C'est un vacarme ! une poussiere.....
Plus tous les chiens sont en colere,
Plus les messieurs ont de plaisir.
Ah ! je n'en peux revenir.....   *Bis.*
A droite, à gauche, ils vont, ils viennent....
Dans les cornets jaunes qu'ils tiennent;
Ils soufflent à n'en pas finir.
Non, je n'en peux pas revenir.....   *Bis.*

(*On entend redoubler le bruit des cors ; les laquais de
madame la Duchesse la précedent.*)

SCENE XI.

LES PRÉCÉDENTS, Mme. LA DUCHESSE;
MICHELETTE.

Mme. LA DUCHESSE.

AIR : *Non , mes amis des deux Silphes.* (De M. Desaugiers.)

DANS ce sentier qu'on laisse ma voiture;....
Je saurai bien retrouver mon chemin.....

(*Ses gens se retirent.*)

Mon cœur me dit de suivre l'avanture,....
Conduisez-moi, petite, par la main.

MICHELELTE, *de loin.*

Vous voyez-là , mon pere.
Vous voyez-là , maman.

JACQUOT, *allant au-devant de madame la Duchesse.*

Reconnoissez son petit frere
Qui vous quitte dans le moment.

Mᴹᴱ. LA DUCHESSE.

Ma bonne. Eh ! quoi, vous paroissez chagrine.
Et vous , mon cher, vous ne me dites mot.

MICHEL, *saisi de respect.*

Nous nous nommons, Michel & Jacqueline.

JACQUELINE, *également embarassé.*

Et nos enfants, Micheletto & Jacquot.

MICHEL.

Nous sommes d'un village.....
Anselme y demeuroit.
Mais il est mort ! c'est bien dommage.

MICHEL ET JACQUELINE.

Et nous logeons .... dans la forêt.

Mᴹᴱ. LA DUCHESSE.

AIR : *Des simples jeux de son enfance.*

D'oiseaux & de gibier, peut-être ,
Avez-vous peine à vous nourrir.....

MICHEL.

Nous n'avons pas le cœur si traître.

C ij

JACQUELINE.

Qui de nous les feroit périr !

Mme. LA DUCHESSE.

Seroit-ce donc là la chaumiere ?...

MICHEL ET JACQUELINE.

Où nous comptons nous établir.

Mme. LA DUCHESSE.

Ah ! c'en eſt trop, mon cœur ſe ſerre.
Non, je ne dois pas le ſouffrir.

MICHEL ET JACQUELINE.

AIR : *Plaignez le ſort d'un pauvre voyageur.*

Ah ! laiſſez-nons cet aſyle caché ,
C'eſt la faveur, qu'à vos genoux j'implore....
Déja , madame , on nous l'a reproché....
Pour nous l'ôter ; viendriez-vous encore ?

Mme. LA DUCHESSE.

Qu'y feriez-vous pendant l'hiver glacé ?

JACQUELINE.

Réponds, Michel, car pour moi je l'ignore.

MICHEL.

Dame , à l'hiver, nous n'avions pas penſé.....

(*Regardant Jacqueline.*)

Oh ! mais l'hiver ne viendra pas encore.

Mme. LA DUCHESSE.

Un tel état peut-il leur ſembler doux !
Ah ! qu'en ſecret mon ame le déplore !
Quoi mes amis ! ces enfants ſont à vous !

JACQUELINE ET MICHEL, *en saluant la Duchesse.*

Madame, hélas ! nous n'avons qu'eux encore.

Mme. LA DUCHESSE.

AIR : *Dans le cœur d'une cruelle.* (De l'Amant statue.)

(*A part.*)

L'hymen, à mes vœux rebelle,
Ne nous rend pas si contents ;
Mais l'occasion est belle. . . .
J'adopte vos deux enfans
    A ma chimere.
Prêtez-vous avec douceur . . . .
Que je rêve le bonheur,
    Qu'au fond du cœur ,
    Goûte une mere.

(*Aux enfants qui s'éloignoient.*)

Un peu plus de confiance ,
Jacquot, sois donc sans effroi. . . .
Et tous deux , d'intelligence,
Mes enfans , embrassez-moi.

(*Elle les embrasse.*)

	JACQUELINE ET MICHEL.
Douce chimere,	Quelle chimere ? . . .
J'éprouve un transport flatteur	C'est pour nous beaucoup d'honneur.
Et je rêve le bonheur	Elle rêve le bonheur
Qu'au fond du cœur	Qu'au fond du cœur
Goûte une mere.	Goûte une mere.

JACQUELINE A Mme. LA DUCHESSE, *qui fait mine d'emmener Jacquot & Michelette.*

AIR : *Une jeune bergere , les yeux baignés de pleurs.*
    Protégez ma famille ,
    Mais ne l'emmenez pas, ...

O mon fils ! ô ma fille !
Revolez dans nos bras.
Où pourriez-vous mieux être ?
On a beau vous chérir, ...
C'est lui, . . . c'est moi qui vous fis naître.
Nous feriez-vous mourir ?

MICHEL.

Malgré que vos promesses
Soient d'un cœur génereux,
Malgré que vos caresses
Soient un honneur pour eux, ...
Ah ! je vous en conjure,
Gardez un tel bienfait.
Abandonnés, dans la nature,
Qui donc nous aimeroit !

Mᵐᵉ. LA DUCHESSE.

AIR : Simple, naïve & joliette. (D'Aucassin.)

Ma demande étoit indiscrette,
Mais, sans doute, qu'avec plaisir,
Vous me permettrez de choisir,
De Jacquot, ou de Michelette. . . .

MICHEL ET JACQUELINE, embarassés.

Ah ! grands Dieux ! quelle offre est la vôtre.
Qu'un tel choix est embarassant !

JACQUOT ET MICHELETTE, les yeux baissés.

Eh bien, mon pere, . . . eh bien, maman.

MICHEL ET JACQUELINE, ne pouvant se
déterminer.

J'aime mieux garder { l'un & l'autre.
J'aime mieux garder

(Leurs enfants se précipitent dans leurs bras.)

Mme. LA DUCHESSE.

AIR: *Compagne tant chérie.* (Des quatre coins.)

Un tel refus m'éclaire, ...
C'est un avis du ciel.
Je ferai votre mere,
Jacqueline & Michel.
Augmentons, dans ma terre,
Le nombre des heureux;
J'en laiffois deux à faire
En n'en faifant que deux.

Quittez cette demeure,
Je vous en fais la loi.
Dans mon château, fur l'heure,
Rendez-vous avec moi :
Michel, il vous en coûte
D'abandonner ces lieux. ....
Vous étiez bien, fans doute,
Mais on peut être mieux.

AIR : *Non, non, Doris, ne penfe pas.*

Sans changer rien à votre état,
Je changerai votre exiftence.
Point de refus, ... point de débat,
Comptez fur une honnête aifance :
Ce plan qui paroît vous charmer,
Au château, vous allez le fuivre.
Vous vivrez plus pour vous aimer
Quand vous pourrez aimer à vivre.

MICHEL ET JACQUELINE.

AIR: *Monfieur de Monti.* (Bourée de Saintonge.)

Quel plaifir je fens !
Moi, de même,

  Moi, de même;
  Quel plaisir je sens !
  Cédons à ses vœux pressants;
  Où vont nos enfants ?
  Nous irons bien de même.
  Où vont nos enfants,
  Nous serons tous contents.

JACQUOT ET MICHELETTE.

  Quel plaisir je sens !
   Moi, de même,
   Moi, de même;
  Cédons à ses vœux pressants;
  Où vont nos parents?
  Nous irons bien de même.
  Où vont nos enfants?

Mⁿᵉ. LA DUCHESSE.

  O ! mes bonnes gens,
   Je vous aime,
   Je vous aime.
  O ! mes bonnes gens,
  Au château je vous attends.
  Que l'un de mes gens
  Vous y mene lui-même,
  Avec vos enfants,
  Je vous rendrai contents.

MICHEL et JACQUELINE.	JACQUOT et MICHETTE.	MME. LA DUCHESSE.
Quel plaisir je sens,	Quel plaisir je sens,	O mes bonnes gens,
Moi de même, &c.	Moi de même, &c.	Je vous aime, &c.

(Les Domestiques de madame la Duchesse approchent.)

SCENE DERNIERE.

LE DOMESTIQUE, MICHEL, *hâtant sa femme & ses enfants.*

MICHEL.

AIR: *C'eſt une bagatelle.*

MA femme, prends ton tricot ;
Toi, prends ton bourdon, Jacquot.
Donnez-moi vîte ma hache,
Car j'ai peur qu'il ne ſe fâche,
Ce monſieur qui ne dit mot.
S'il croquoit trop le marmot
Ce ſeroit mal , payer très-mal ſon zele.

LE DOMESTIQUE.

Mon zele !
C'eſt une bagatelle.

MICHEL.

Ça, monſieur , quand vous voudrez.

LA FLEUR.

C'eſt par-là que vous prendiez.

MICHEL.

C'eſt donc plus loin qu'au village. . . .

LE DOMESTIQUE.

Infiniment davantage.

MICHEL.

Vous croyez.... que nous ferons ....;

LE DOMESTIQUE.

Une lieue aux environs ;
Et par ma foi , moi , je la crois mortelle.....;

JACQUOT, *en sautant.*

Mortelle !
C'est une bagatelle.

MICHEL.

AIR: *C'est ce qui me console.*

Ainsi que , Jacqueline, hélas !
Mes enfants sont déja bien las;
   C'est ce qui me désole ....   *Bis.*
Mais le trajet sera moins grand
Si nous chantons chemin faisant;
   C'est ce qui me console....   *Bis.*

JACQUELINE.

Il faut profiter du moment ,
Et quitter cet endroit charmant;
   C'est ce qui me désole :...   *Bis.*
Mais Michel me donne le bras,
Et nos enfants suivent mes pas ;
   C'est ce qui me console....   *Bis.*

MICHELETTE.

Mon cher Jacquot, marche après moi,....;
C'est un retour de mon effroi ;....
   C'est ce qui me désole :...   *Bis.*
Mais qu'Anselme vienne la nuit,
Nous serons loin de ce réduit ;
   C'est ce qui me console.....   *Bis.*

JACQUOT, *tournant la tête.*

Aux fraises de cette forêt,
Ma chere sœur, moi j'ai regret;
   C'est ce qui me désole :....   *Bis.*
Mais pour arriver au château,
Je vais voir du pays nouveau;
   C'est ce qui me console.....   *Bis.*

MICHEL, *en regardant sa cabane.*

Avoir fait ce bon logemeut,
Et le quitter si brusquement;
   C'est ce qui me désole :....   *Bis.*
Mais il sera tout préparé
Pour un voyageur égaré;
   C'est ce qui me console.....   *Bis.*

JACQUOT, *au Public.*

Quand il faut unir la gaîté
Avec la sensibilité,
   Un auteur se désole :.....   *Bis.*
Mais il sait, quand le sujet plaît,
Qu'on fait grâce à plus d'un couplet;
   C'est ce qui le console....   *Bis.*

F I N.

Lu & approuvé pour la représentation & l'impression, le 12 Janvier 1788. Signé SUARD.

Vu l'Approbation, permis de représenter & d'imprimer. A Paris, ce 14 Janvier 1788, DE CROSNE.

De l'Imprimerie de la Veuve VALADE, rue des Noyers.

www.ingramcontent.com/pod-product-compliance
Lightning Source LLC
LaVergne TN
LVHW052011080426
835513LV00010B/1171